更重要的事

もっと大切なこと

[日] 松下幸之助 著　　[日] 井上薰 绘

赵晓明 译

人民东方出版传媒
People's Oriental Publishing & Media
東方出版社
The Oriental Press

图书在版编目（CIP）数据

更重要的事 /（日）松下幸之助 著；赵晓明 译 .—北京：东方出版社，2025.1
ISBN 978-7-5207-3945-0

Ⅰ.①更… Ⅱ.①松… ②赵… Ⅲ.松下幸之助（1894—1989）—人生哲学—青年读物 Ⅳ.① K833.135.38

中国国家版本馆 CIP 数据核字（2024）第 091265 号

MOTTO TAISETSU NA KOTO
by Matsushita Konosuke
Text copyright © 2004 PHP Institute, Inc.
Illustrations copyright © 2004 by Kaoru INOUE
All rights reserved.
First original Japanese edition published by PHP Institute, Inc., Japan.
Simplified Chinese translation rights arranged with PHP Institute, Inc.
through Hanhe International(HK) Co.,Ltd.

本书中文简体字版权由汉和国际（香港）有限公司代理
中文简体字版专有权属东方出版社
著作权合同登记号 图字：01-2023-5539 号

更重要的事
（GENG ZHONGYAO DE SHI）

作　者：	[日] 松下幸之助
插 画 师：	[日] 井上薰
译　者：	赵晓明
责任编辑：	刘　峥
出　版：	东方出版社
发　行：	人民东方出版传媒有限公司
地　址：	北京市东城区朝阳门内大街 166 号
邮　编：	100010
印　刷：	鸿博昊天科技有限公司
版　次：	2025 年 1 月第 1 版
印　次：	2025 年 1 月第 1 次印刷
开　本：	787 毫米 ×1092 毫米　1/32
印　张：	4.25
字　数：	66 千字
书　号：	ISBN 978-7-5207-3945-0
定　价：	49.00 元
发行电话：	（010）85924663　85924644　85924641

版权所有，违者必究

如有印装质量问题，我社负责调换，请拨打电话：（010）85924602　85924603

本书内容选自连载于 PHP 研究所月刊杂志 *PHP* 扉页上的短文合集——《开拓道路》和《续·开拓道路》,将书中写给年轻人的内容摘取后重新编辑而成。PHP 是 "PEACE and HAPPINESS through PROSPERITY" 的首字母,意思是"通过实现物质和精神两层面的繁荣,获得真正的和平和幸福"。希望大家基于人类本性、自身智慧、亲身经验积极思考如何才能实现人类身心两层面的丰富和繁荣,如何创造和平、幸福的生活。PHP 研究所正是基于这一愿景开展活动的。

作者简介

[日]松下幸之助 （文）

松下电器创始人，PHP研究所创办者。1894年，出生于日本和歌山县。9岁时，独自到大阪当学徒，后就职于大阪电灯株式会社。1918年，23岁开始创业，一路带领企业成长为全球性跨国集团。1932年，意识到产业人的真正使命，产生了自己的哲学——松下哲学。1946年，以PHP为理念，创办PHP研究所，开始了PHP运动。1979年，兴办松下政经塾。1987年，应中国政府之邀在华建成第一家合资工厂。1989年去世，享年94岁。2018年获得中国政府颁授的中国改革友谊奖章，被誉为"国际知名企业参与我国改革开放的先行者"。代表作《天心：松下幸之助的哲学》《道路无限》《开拓人生》《拥有一颗素直之心吧》。

[日]井上熏 （图）

出生于日本札幌，毕业于女子美术短期大学绘画科。在设计公司任职后于2002年成为自由职业者，目前从事插画、书籍装订、平面设计等工作。

目 录

日日新 ………………… 1

各种各样 ……………… 4

以心为镜 ……………… 7

初心 …………………… 10

身在福中要知福 ……… 13

勤勉之德 ……………… 16

珍惜缘分 ……………… 19

亲自确认 ……………… 22

完美无缺 ……………… 25

真诚地接受批评 ……… 28

顺其自然 ……………… 31

和平与斗争 …………… 34

静夜 ………… 37
只要有心 ………… 40
过犹不及 ………… 43
连续的成功 ………… 46
比较 ………… 49
自我反省 ………… 52
仰望天空 ………… 55
知道真相 ………… 58
为什么 ………… 61
事情的道理 ………… 64
心意互通 ………… 67
任凭风吹雨打 ………… 70
愚直之人 ………… 73
长处与短处 ………… 76
勇于披荆斩棘 ………… 79
成功还是失败 ………… 82

正视对手 ………… 85
不要轻易下定论 ………… 88
春天到来 ………… 91
推不掉的烦恼 ………… 94
自问自答 ………… 97
绝对的自信 ………… 100
全力以赴 ………… 103
出于好心 ………… 106
判断与落实 ………… 109
倾诉 ………… 112
像花儿一样 ………… 115
节点 ………… 118
美丽的世界 ………… 121

日日新

每一天都是崭新的,
每一天都是新起点。

每过一年，心境也要有新的变化。心境有新变化，就是吉庆之事。

吉庆的日子不仅仅是正月，只要心境有变化，日日是好日。

无论是昨天还是今天，大自然都在一如既往地运转着。

太阳依旧闪耀，轻风依然拂过，一切都是原本的模样。但是，只要心境产生变化，所见所闻就会焕然一新。

一年之始在于春，一日之始在于晨。每年开始的那天是吉庆之日，那么每天早晨也就是吉庆之时。只要每天早晨能够改变心境，那么每一天都会像正月一样吉庆。对于一颗崭新的内心，所有事物都是新的，所有事物都是吉庆如意的。

昨天是昨天，今天是今天。昨天的辛苦不要拖到今天，今天还会迎接今天的命运。人不能时刻背负昨天的包袱。每一天都是崭新的，每一天都是新起点。

日日是新日，即日日是好日。素直谦虚并且富有创意的人，每天都充满光明，每天都元气十足。

让我们一起迎接崭新的每一天。

各种各样

人也是各种各样的。只有各种各样的人存在，才能发挥出各种不同的作用。

冬去春来，百花盛开；初夏到来，新叶发芽，漫山遍野披上华丽的装饰。各种各样的花儿绽放，各种各样的草木发芽，各种各样的鸟儿飞舞。只有这些多种多样、种类繁多的事物才能凑成一幅华丽的画卷。这就是大自然的装饰。

日本人一般认为，赏花最好的是樱花，树木最好的是杉树，鸟儿声音最动听的是黄莺。确实这些都拥有各自过人的韵致。但是，如果日本的山野之中只有这几样，那就未免显得大自然过于单调了。

大自然正是因为有各种各样的花、各种各样的树木、各种各样的鸟儿，才显得生意盎然。这也正是自然之理的可贵之处。

人也是各种各样的。只有各种各样的人存在，才能发挥出各种不同的作用。

自己和他人，无论模样还是性格都不相同，各自的喜好也不一样，但这不是问题。与其感慨这样的不同之处，不如感受不同中蕴含的无限妙趣，感受无限的丰富。然后，人们也要各自发挥自己最大的力量，人与人之间要互相帮助。

世界上有各种各样的人，这是一件幸事。人与人各不相同，这也是一件幸事。

以心为镜

人会站到镜子前整理衣服。镜子是诚实的,会原原本本地照出实际的样子。

即使再怎么坚称自己的领带没有偏，只要站到镜子前，是非曲直就会一目了然。所以人才会承认自己的错误，并予以纠正。

用镜子可以纠正衣着的不正之处，却无法照出内心的扭曲。正因如此，人一般很难意识到自己想法和行为的错误之处。因为没有能照内心的镜子，所以这也是没有办法的事情。但是，如果有了求知之心、谦虚之心，那么随处都能找到可以照出内心的镜子。

我们周围的一切人和物，都能照出我们的内心，是我们内心的镜子。所有事物都能反映内心，所有人都与我们的心相关。

古代先贤曾教诲我们"先去掉自己眼中的梁木"，这样才能更好地观察周围的事物，才能更好地倾听周围的声音。

只要有谦虚之心、素直之心，所有人和事物都可以成为内心的明镜,原原本本地照出我们的想法和行为的对与错。

悲伤

饥饿

初心

不管是否已长大,如果失去谦虚倾听之心,最终难免迷失自我。

我们小时候，在连东西南北都分不清楚的年纪，平时温柔的母亲有时候也会很严格，而向来严厉的父亲有时也会很温柔，从怎么拿筷子到如何穿鞋子，他们手把手地教会我们。有时候也会是经常吵架的哥哥来教，有时候会由姐姐来指导。小学的老师甚至是邻居家的阿姨有时也教会我们很多东西。素直地倾听这些指导，再加上自己的思考，我们就这样逐渐成长起来。

现实中曾出现过这样的例子，在深山老林中被动物养大的人类幼儿，其行为举止与动物别无二致。非常幸运的是，我们都生活在人类社会，受到很多人的教诲和指导，最终成长为完整的人。

但不知道从什么时候开始，人们不再认真对待他人说的话。可能是以为自己已经成长起来了。

不管是否已长大，如果失去谦虚倾听之心，最终难免迷失自我。

回归初心,也就是要找回幼年时期受人指导和教诲时的素直之心。

身在福中要知福

我们都需要修行。为了做到从内心直接回应自己的幸运境遇,要对日常的言谈举止进行反省。

人都是非常自我的生物，动不动就会羡慕、嫉妒别人，但很多时候我们察觉不到自己已经多么幸运。所以，人才会因为一点点小事就愤愤不平、心生不满。不满的心是无法产生卓越智慧和优秀才能的，它只会蒙蔽你的双眼，让你看不到自己已经身在福中，已经在蒙受眷顾，最终让你亲手毁掉自己得之不易的福气和好运。

如果能够对自己的幸运境遇心怀感激，抱着感恩的心认真工作，那么一定会产生美好的智慧，让自己和他人都过上无比幸福的生活。

但是，能够意识到自己的幸运境遇，其实并非易事。古人费尽心思劝世人"身在福中要知福"，但仍然有数不清的人无法领会和践行。有的人即使脑子里理解了这句话，但仍无法直接在内心予以回应。这也正是人天生的弱点。

我们都需要修行。为了做到从内心直接回

应自己的幸运境遇，要对日常的言谈举止进行反省。

勤勉之德

希望每个人都可以掌握某一种优秀的技能或习性,其中最为宝贵的,当属勤勉。

即使没有遇到天灾人祸，哪怕遭遇一点小事，万贯家财也可能会转瞬之间烟消云散。所有实物都有消失的时候，这一点可以说真的很缥缈虚幻。

但是，自己掌握的技能和习性，只要生命在延续，就不会消失，这是我们最可依赖的东西。

希望每个人都可以掌握某一种优秀的技能或习性，其中最为宝贵的，当属勤勉。

勤勉可以给人带来喜悦，带来信赖，产生财富，是人的一种优良品德。所有的品德都需要不断努力才能积累。

就像相扑选手为了变强，必须不间断地、全身心地投入训练那样，我们要习得勤勉的习性，首先需要勤奋、努力地过好每一天。只有通过不断的积累，方能掌握勤勉的习性，这样的习性能给人带来品德的升华。

希望我们每个人都可以积累勤勉之德。

珍惜缘分

每个人都因为缘分来到这个世界,也因为缘分与各种各样的人产生联系。

"缘分"是一个让人感觉非常老气的词语，但其中隐藏着非常深层次的含义。

人们往往认为，人与人之间的联系是因个人意志而产生的。所以，人们容易误认为可以随着个人想法随时轻而易举地斩断联系。

但实际上却并非如此。人与人之间的联系，其实受到某种超越个人意志和想法的、更深层次的力量影响。男女之间的缘分也是如此。

如此考虑的话，大家会更加珍视人与人之间的这种联系，更加感谢这种联系。在因为各种各样的

不满和抱怨而心生黑暗之前，发自内心地、谦虚地感谢人与人之间的缘分，再给这一感谢之心加上自己的诚意和热忱，这样做必然会使你与对方之间的联系更加密切。

这样做将产生足以将黑暗变为光明的强大力量。

亲自确认

通过自己的双眼和双手
亲自进行确认。

通过自己的双眼和双手亲自进行确认，这样做毫无疑问是最保险的。但是，人们往往受自己双眼所能观察、双手所能触及的范围所限，从而草率地断定这就是所有的事物，这就是整个世界。

通过自己的眼睛进行判断，通过自己的双手进行确认，毫无疑问是非常直接有效的。但是，在自己眼睛所能看到的范围之外，在自己双手所能触及的范围之外，还有各种各样的人，他们拥有各种各样的想法，也存在着各种各样的事物，它们发挥着各种各样的作用。

对于他人来说，这同样是经过他们确认的没有问题的世界。

所以我们应该谦虚一点，至少对于超出自己手眼所及范围的"世界"我们应该谦虚倾听、善于吸收，以灵活开放的心态对待它。这样做不但能拓展自己，而且能同时拓展别人，拓展国家，拓展世界。

不管是过去还是现在，世界上的对立冲突从未断过。为了实现真正的进步与和谐，我们需要重新审视那些自己确信无疑的事情。

发现

完美无缺

正因为不存在完美无缺,
所以才需要和谐。

完美无缺是一种再好不过的状态，但是要求人类达到完美无缺根本是不可能的。

每一个个体都不是完美的，思想和行为中存在一些问题也是难免的，大家应该素直地接纳这一事实，相互理解。

只有理解了这一点，人才能自然而然地学会谦虚，懂得谅解他人，从而达到取长补短的合作目的。

然而，人往往都有一种错觉，以为自己所想所做之事都是完美无缺的，以为只有自己高高在上，并要求其他人做到完美无缺。但是，这样只能带来无意义的对立和争吵，最终导致失败。

正因为不存在完美无缺，所以才需要和谐。

在这一浅显的道理之中，隐藏着通向真正繁荣的道路。

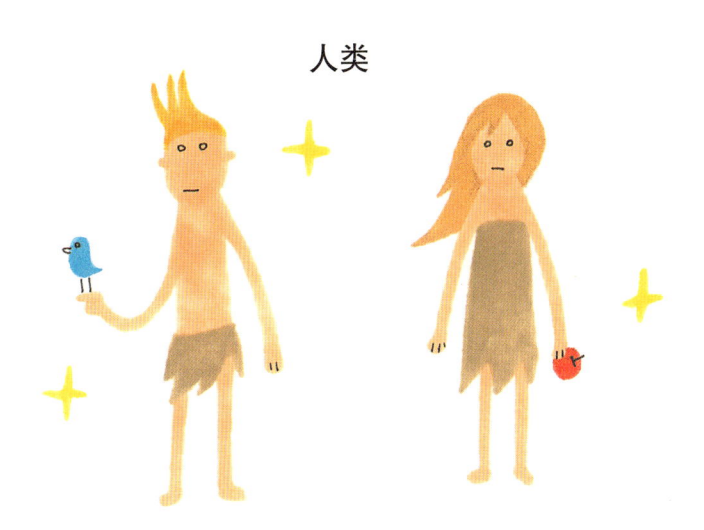

人类

真诚地接受批评

只有接受批评,人才能提升自身的真正价值。无论是批评他人,还是被他人批评,都应秉持真诚之心。

我们都不觉得被批评是一件令人心情愉悦的事情。即使承认自己有失误，也不愿意被批评。每个人都不愿意被批评，这是人之常情。

批评人的一方也是如此，也不会心情愉悦，更不会觉得批评人是令人高兴的事情。所以，最好能够不批评他人，这也是另一种人之常情。

但是，如果事事都讲人情，什么事情都稀里糊涂、得过且过，既不批评别人也不被人批评，那最终会变成什么样子？如果是神仙与神仙之间，那自然另当别论，但我们都是凡人。这样的话，不知不觉之间，人们在看问题、思考问题时就会松懈大意，最终变得软弱和脆弱。

当然，囿于私情的批评是不可取的。但是，基于道理去认真地批评和接受批评，是我们应该努力做到的。

只有接受批评，人才能提升自身的真正价值。无论是批评他人，还是被他人批评，都应秉持真诚之心。

顺其自然

能成的事情自然会成,
不能成的事情终不会成。

看上去是人人都明白的一句话，但实际上很多人没能真正理解，所以才会误以为那些原本不能成功的事情也能成功，于是开始挖空心思、玩弄手段。

最终只能导致不满和抱怨、冲突与摩擦，不但让自己心情阴郁，而且让周围的气氛也变得沉重。这么做害人害己，令大家都很难受。

不能成的事情终不会成，能成的事情自然会成。能成的事情，即使不玩弄手段也能成功。

不需要勉为其难，也不需要挖空心思，更不需要玩弄手段。重要的事情只有一件，那就是素直地努力。倾注自己的感情和心血，创造出更好的智慧和方法。只有这样专一地努力，才能将原本能成功的事情变为现实，给自己和他人带来愉悦和平静。

在世事多艰的当下，这才是人生应有的状态。
让我们静下心来再一次自我反省。

和平与斗争

和平终究就是和平，斗争终究就是斗争。

"和平"与"斗争"原本是水火不相容的一对词语,无论是字面意思还是事情本身,都是完全相反的。

但是,近年来人们经常说"为了和平而斗争"这类奇怪的话,甚至这类话已不仅仅停留于口头上,基于这类想法开展激烈斗争的趋势也愈演愈烈。也许这样的话也有一定的道理,但是不管有什么样的道理,水火不相容的事物终究还是不能混为一谈的。

战争的惨状,已经让当今全世界的人都刻骨铭心,所以全世界都在努力避免为了和平而发动战争的愚蠢想法,并且在为了实现以和平的方式获得和平而不断付出努力。

大家是时候成熟起来了,不要再说为了和谐共处才大打出手这种幼稚的话,我们应该相信通过和平对话可以实现和平繁荣的生活。

在我们的日常生活中，在我们周围，其实还存在着许许多多类似的问题。

帮帮我

静夜

将自己的脑子放空,从而抓住一闪而过的灵感。

我希望夜晚是安静的，尤其是秋天的夜晚，更希望它能是静谧的。尽管在城市之中，已经很难寻觅到世外桃源，但是我还是希望夜晚能是安静的。不仅仅是为了能够恬然入睡，也是为了能够安静地思考事情。与其说是思考，倒不如说是将自己的脑子放空，从而抓住一闪而过的灵感。

置身于静寂的天地间，可以眺望月亮，可以仰望星空，还可以暂时将嘴闭上，只是静静地待一会儿，与自然进行一场深度交流。

每个人都需要这样安静的夜晚。只有在这样的宁静之中与天地交流，人才能真正成长。

今年依然听到了虫儿的鸣叫，尽管这样的声音已经一年弱于一年。今年月亮仍然悬于中天，尽管已经不如往年通透清澈。

希望每个人都拥有属于自己的静夜,希望每个人都拥有静夜的片刻静谧。

只要有心

只要有心,就会发现当今到处都有令人心痛的事情。

只要有心，就会发现当今到处都有令人心痛的事情。在我们的国家、城市，在我们身边，每天都在发生各种令人心痛的事情。

面对突如其来的事故，有人从内心深处祈祷这只是一场梦，也有人过于担忧人世变迁而心生急躁，于是不管不顾贸然行事。

无论哪个时代，无论哪个社会，都在不断发生各种事情，不断出现令人担忧的状况。可以说这也是世事之常、人世之常。

不管这个事实对于我们来说多么残酷、多么令人为难，都是无法避免的。所以，我们应该时刻提醒自己，让不安的心沉静下来。要秉持人类应有的真正慰藉和鼓励，素直地携手同心、共同面对。

只要有心，就应该互相提醒，避免无心的不负责任的行为。

过犹不及

自律是成为王者的必经之路。

几乎每个人都有吃饭吃得太多的时候，也有喝酒喝得太多的时候。因为很多人会在不知不觉中被自己的欲望驱使，从而做过头。这是人所拥有的一个方面，也是人类社会的一个组成部分。过和不及都不是事情的理想状态。

做过头的错误转瞬间就会反噬到自己身上，有时候反噬的不仅仅是自己，甚至会是整个社会。不仅让自己痛苦，还会给他人带来困扰。

时刻注意不要做过头。如果能做到这一点，那自然是最好不过了，但是这并不是轻而易举就能做到的，所以需要借助外部力量来控制。这种力量可能是语言、法律、权力，甚至有时还会是武力。人类历史其实就是这样一个过程的反复，其中也发生了很多悲剧，有时也会出现过于依赖外部力量的情况。

归根结底，最终只有自律一条路。对于人类来说，真正有效的方法只有这一种，自律也是成为王者的必经之路。尽管实现起来困难重重,但还是希望各位能够予以实践,只有这样才能取得真正的进步。

连续的成功

无论做什么事情，只要连续三次成功，就会非常危险。

只要事情连续三次都很顺利，自负、安于现状等人性的弱点就开始蠢蠢欲动，人会变得过于相信自己，以为自己十分了不起，甚至轻视整个社会。这样就很容易犯下无可挽回的错误。

所以，做三次事情其实最好其中能有一次是失败的。即使是在别人看来算不上失败，也要认真自我反省。如果思考过后认为采取其他做法会有更好的结果，那么从某种意义上说这也算是失败。最重要的，是自己要有失败感。

三次中虽然有一次失败，但反省过后可以从中得到新的收获，下次就能够成功。

如此反复，人就会一步一步获得提升。从某种意义上来说，这才算得上是连续的成功。

每个人身上都有人性的弱点，如何利用好这个弱点是非常重要的。

比较

发觉内在那个不做比较的自己,依照内心深处的真实想法坚定地走下去,将会取得宝贵的进步。

人在刚出生的时候，黑色的眼睛通透清澈，就像晶莹的无价之宝。但是，随着慢慢长大，人们学会了与周围的人比较。比如，谁更可爱、更聪明、更厉害。这样比来比去的日子越来越多。

不管是年幼的时候，还是在学校，甚至进入社会后，人们几乎没有一天不在与人比较。

在这样日复一日的比较之中，不知不觉之间就以为只有与他人比较的自己才是真实的自己，人们在比较中生气、骄傲、哀叹、消沉。而之前无可替代的纯粹自我已经消失得无影无踪。

与人比较的同时努力向前，这是一种进步。同样，发觉内在那个不做比较的自己，依照内心深处的真实想法坚定地走下去，将会取得宝贵的进步。

为了能够走向没有惊慌失措、不会互相伤害

的人生，希望每个人都可以拥有属于自己的静谧时间，以找回上天赐予的那个纯粹的自己。

自我反省

失去反省之心的时候,就是陷入僵局的开端。

经济繁荣的时候，所有人的事业都是一片欣欣向荣。如果只有自己不顺利的话，人们首先就会反省自己的想法、做法是不是有问题，有什么需要改进的地方。

但是，如果整个社会经济不景气，大家普遍都不顺利的时候，人们在遇到事情时往往就会把目光转向外部，从而疏于自我反省。

把责任归为经济不景气，归为社会大环境不好，轻易地为自己的不顺利开脱，也就是认为问题的原因不在自己身上。

人都是非常自私的。如果不努力地提醒自己，就会轻易地将责任转嫁给他人，轻易地接受不好的结果。

错不在我而在整个社会，确实有时也会出现这样的情况。即便如此，我们也需要具备良好的心态，不拘泥于社会的问题，要有一切过错皆在我而不在整个社会的心理准备，要进行深刻的自我反省。

人们失去反省之心的时候,就是陷入僵局的开端。

仰望天空

突然之间就会听到上天的声音。
其实上天的声音就是自己的声音,
是自己内心深处的声音。

请仰望天空，仰望清澈的冬日蓝天。看着一望无际的蓝色天空，不由得屏住呼吸。

突然之间就会听到上天的声音。其实上天的声音就是自己的声音，是自己内心深处的声音。

大脑放空，什么都不思考的时候，或者什么也不思考，进入忘我状态的时候，耳边突然响起一个不可思议的声音。这就是上天的声音，就是素直的灵魂之声。也许这样的声音转瞬即逝，但是这短暂的瞬间却如此宝贵，令人难忘。

在每天的日常生活中，我们和我们的心都会因为小小的智慧、小小的束缚，或小小的愤怒而受到伤害，我们每个人的灵魂每天都在经历这样的考验。而就在这一刻，终于可以沐浴在深邃、安静的光辉之中。这样的光往往只在短暂的瞬间闪现，在我们与天地融为一体的忘我瞬间不经意地闪现，带着不可思议的温度，令人难以忘却。

人会焦虑,有时也会身陷犹豫的深渊。这也是人生的一部分。

但我们仍需要仰望天空,仰望清澈的冬日蓝色天空。

知道真相

人其实是非常伟大的。只要面对事实就可以摆脱犹豫,心境就可以回归沉稳。

人会因为一个看法而忍受任何事情，也会因一个看法而坚持做任何辛苦的事情。不仅如此，人还能爽快地去做不喜欢的事情，也能开心地去做艰苦的事情。所有的一切都会因心境和对事物的看法而改变。

同一个人，既有可能变成鬼，也有可能成为佛，这也取决于其心境。这样想的话，人生也就没有任何值得绝望的事情了。

但是，为了保证自己的看法是正确的，人必须知道真相，并将真相告诉他人。也就是说，必须知晓事物的真实情况。

当然，感情是非常重要的。但是，因为觉得对方可怜或痛苦，而囿于感情无法说出真实情况，那就算不上真正的感情。所谓不幸，其实就是不知道真相，不清楚实际情况。

人其实是非常伟大的。只要面对事实就可以摆脱犹豫，心境就可以回归沉稳。

为了拥有对事物的正确看法，就需要以素直之心，无论何时都讲真话、互相告知真正的事实。

为什么

为了每天都有新收获,需要不停地提出问题,然后自己思考或向他人请教问题的答案。

小孩子的心都是非常素直的,遇到不知道的事情,他们总是会马上"为什么""为什么"地问个不停。

小孩子又是非常拼命、非常用功的,所以会自己努力去思考听到的答案。如果不能理解的话,他们还是会"为什么""为什么"地追问到底。

小孩子是没有私心的,也不会被什么所束缚。好的东西就是好,坏的东西就是坏。所以,他们经常会在不知不觉间触及事物的本质。

小孩子就是这么一步步成长的。提出问题、得到答案,自己再素直地对答案进行思考并反复追问,小孩子就这样一天一天地长大。

其实,大人也是如此。为了每天都有新收获,需要不停地提出问题,然后自己思考或向他人请教问题的答案。

只要素直且没有私心,努力用心,那么随处可以发现有价值的问题。

如果做不到这一点，每天机械重复，日复一日，人就无法取得进步，社会的发展也会陷入停滞。

为什么？

社会的繁荣，正源于一个个的提问。

事情的道理

不切实际的欲望是失败的根源。要选择符合道理的那条路,一步一步脚踏实地走下去。

人们如果无法保持沉着冷静，就会毫无缘由地觉得别人的东西更好，觉得辛辛苦苦工作的只有自己一人，其他人都是不劳而获、一边享受一边挣着大钱。

有时候人会陷入这样的困惑之中，这也是人之常情。但是，这个世界上绝对不存在一本万利的事情，也没有一边享受就能挣大钱的事情。即便看上去似乎有这样的事情，那也只是因为内心受到蒙蔽，看不到这些其实都是一步步脚踏实地努力的成果。

所以，即使想着不努力就可以不劳而获，终究也只是自己的一厢情愿。即使短时间能做到，也绝对不会长久，终究还是会归于失败。这就是世间万物的道理，而奢望能够偏离这个道理，只是因为有着不切实际的欲望。

不切实际的欲望是失败的根源。要选择符合道理的那条路，一步一步脚踏实地走下去。

心意互通

没有什么事情自始至终完完全全是坏事,也没有什么事情自始至终完完全全是好事。

古人曾说，祸福如同交织的绳索。确实，在漫长的人生中，既有好事也有坏事；既有开心的事情也有悲伤的事情；既有以为进展顺利最后却毫无建树的事情，也有不抱期待结果却收获满满的事情。换言之，我们不必有任何的踌躇不决，从一开始只需要素直地、谦虚地稳步前行就好。因为我们已经无数次被事实教育，人的智慧是多么肤浅。

没有什么事情自始至终完完全全是坏事，也没有什么事情自始至终完完全全是好事。更何况，人们还会在觉得是坏事的时候主动封闭内心，也会在觉得是好事的时候心生傲慢。

不管是封闭内心还是心生骄奢，这类人心无法相通的状态，不会使人合作互助，只会让人无法敞开心扉，孤独无助。

生于这个变幻无常的世界，不管身处顺境

还是逆境,无论何时都应素直谦虚、心境互通、想法共享、协同合作。

任凭风吹雨打

风雨总有停下的时候,只要风雨停下,花儿就会重新昂首挺胸。

一朵白色的小花，静静地任凭雨滴打在身上。虽然是不知名的小花，却在淅淅沥沥的雨中，泛起晶莹的光，一片片叶子上滴答滴答地掉落下小小的水珠。如此可爱的光景，让人心生爱怜。

雨尽管下，风尽管吹。下雨的时候就接受雨水的洗礼，刮风的时候就随风摇动。但是，小花却深深地将根扎在地下。哪怕是细小的根，也会紧紧抓住土壤不放。

雨尽管下，风尽管吹。风雨总有停下的时候。只要风雨停下，花儿就会重新昂首挺胸。经历过风雨的洗礼和磨炼，花儿更加洁白，叶子更加翠绿，生命更加怒放。

鸟儿嗖的一声飞离枝头，看不到踪迹。尽管看不到小鸟的踪迹，却知晓鸟儿曾经来过。

风雨停下，鸟儿挥动稚嫩的翅膀用力飞翔，啾啾地叫着飞来飞去。

雨尽管下,风尽管吹。花儿和小鸟,都与大自然一同存在。

人也需要回头思考拼命奔走的日夜,寻求与大自然共同前进的道路。

愚直之人

愚直也是好的,在这个波澜起伏的时代,我尤其认为愚直之人也很可贵。

无论是在什么时代，总会有这样一种人。他们因为太过正直，给人感觉傻得就像一根筋，一点也不懂灵活和变通。在世俗的眼光看来，这样的人完全就是一个令人头疼的角色。其实，这也是人性的一个方面。

但是，过于正直就是不对的吗？一根筋就是罪过吗？不懂变通就是与社会背道而驰吗？

仔细思考就会发现，其实每一样都不是应该受到责备的。相反，在当今这个喋喋不休讲大道理的所谓聪明人越来越多的社会，这样的愚直之人反而

可以说像珠玉一样珍贵。

自古以来，被称为鼻祖之人，其实大多是这种愚直之人。即使从世俗角度来看算不上成功人士，但是他们那种一心追求真理的态度，直至今日仍给人带来诸多感动。

愚直也是好的，在这个波澜起伏的时代，我尤其认为愚直之人也很可贵。希望自己可以在真实的道路上素直地、坚定地走下去。

长处与短处

世上之事都是需要人们互帮互助的。人与人共同合作，才能完成工作，才能享受生活。

为了顺利开展合作，每个人都需要体谅很多事情。但是，其中最为重要的就是以素直之心理解周围人各自的长处和短处。然后以温柔的心最大程度上给予关怀，以便尽可能让其发挥自己的长处，并尽可能弥补其短处。

我们都不是神仙，试图寻找全知全能的人是极其愚蠢的事情。让他人做到全知全能是愚蠢的，同样因为一点点的骄傲自满而心生骄奢，也是一种愚蠢。只有能够帮助别人，自己的工作方能存在；只有接受他人的帮助，自己的工作才能顺利开展。如果无法从内心理解这一点，即使有百万人，也不过是群龙无首的乌合之众。

长处与短处，可以说也是人的一种宿命。这一宿命，是带来繁荣还是导致贫困，全部在于人们能否做到相互关心、相互体谅。

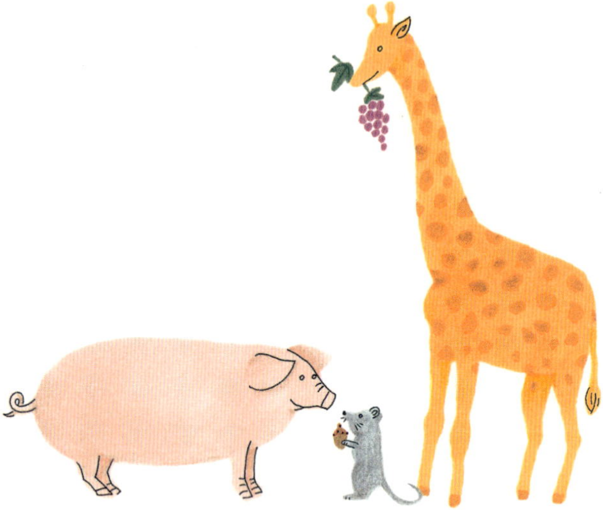

勇于披荆斩棘

只要勇于披荆斩棘,就会有意想不到的新道路。这话说的不仅是荒野和山间的道路。

目前很多东西已经发展到了很高的程度，但是不久之后还会有更好的东西出现，于是以前的东西就成了旧物。通过利用更好的东西，我们可以享受更加便捷、舒适的生活。

这样的情况，在我们的日常生活中可以说时时刻刻都在出现。有时，哪怕自己没有想着去改变，但是在众人中总会有人不甘心止步于现状。

他们认真思考、努力行动，内心坚信一定还有更好的方法，还能产生更好的想法。

在漫长的人类历史长河中，尽管有时会经历一些曲折，但在大方向上就是这么一路发展进步而来的。我坚信今后也会继续发展下去，这也正是人类的伟大之处。

我们正是这样的人类历史中的一帧画面。

所以，无论什么事情，都不要轻易下结论说已经是最好、已经是最终状态。只要勇于披荆斩棘，就会有意想不到的新道路。我们每天都应该抱着这样的想法脚踏实地前行。

成功还是失败

一切都取决于我们把眼光置于何处。是对成功的一件事抱有希望,还是对失败的九十九件事失望?

做一百件事情，只有一件取得了成果，那么这算是成功还是失败？

大多数情况下，人们会将目光放在未能取得成果的九十九件事情上，将全部都归于失败，并因此而悲观失意，不敢再尝试。我觉得，这么想才是真正的失败。

其实，只要仔细思考就会发现，这并不能算是百分之百的失败。即使只有一件事情，那也是取得了成果，也就是获得了成功。只要一件事情能够成功，也就意味着其他九十九件事情也有成功的可能性。

这么想问题的话，人会充满勇气和希望，也就不会小觑仅有的取得成果的那一件事，反而会把它当成宝贵的开端，鼓起勇气、充满信心地再去挑战剩下的九十九件事。

能够做到这一步，几乎等同于全部都成功了。在这样的勇气之下，愿望一定能够实现。

一切都取决于我们把眼光置于何处。是对成功的一件事抱有希望,还是对失败的九十九件事失望?

正视对手

我们要做到「虽为对手却值得钦佩」那样的知己知彼,正确认识各自的价值,并予以客观的评价。

自己做什么事情都是认真且全力以赴的，不输给任何人。但是，别人同样也是认真且全力以赴的，每个人都在按照自己的方式默默努力。

从上天的角度来看，每个人都做得很好。只要每个人都发挥自己的长处，就一定能够得到最好的结果。但是，人与人之间却很难做到如此和谐。

有时候人会有一种错觉，认为只有自己在一本正经地努力，其他人都不够努力，所以坚信自己不会输给他人，甚至有时还会因为心胸狭隘而故意无视他人的努力，甚至贬低他人。如此一来，不但做不到充分发挥各自的长处，反而生出不信任的想法，导致各自的优秀之处被抵消，原本可以发挥的团队作用凭空减弱。

古人常说，战争中最关键的就是要知己知彼，这也就是古代武将所说的"虽为对手，却值得钦佩"，即素直地、正确地评价敌我双方的心态。

我们要做到"虽为对手却值得钦佩"那样的

知己知彼，正确认识各自的价值，并予以客观的评价。

不要轻易下定论

还需要谦虚地重新思考，还需要素直地重新学习。

虽然每个人的生命只有一次，但是我们的身体其实是由多达60兆个细胞组成的，其精妙程度堪称奇迹。通过这60兆个细胞之间的精密协作，我们的身体才得以正常运转。

其中最令人叹为观止的就是人的大脑皮层，上边密布了140亿个神经细胞。虽然现在尚未探明这些细胞是如何工作的，但正因为它们之间的巧妙配合，人才能够进行思考。

我不由得抚摸自己的脑袋，感叹如果可以的话，真想看看里边是什么样的构造。实际上，这140亿个神经细胞中，大部分普通人只使用了极小的部分。哪怕是天才，到现在为止也没有将这些细胞全部用到。

这么一想的话，不由得感觉再也不能轻易下这样的定论了，比如能想到的只有这些了；这是绝对的；只有自己正确，别人都是错的……

还需要谦虚地重新思考，还需要素直地重新学习。

春天到来

每一个春夏秋冬都不相同,也不是简单的重复。

春天过后就是夏天、秋天，冬天过后就会迎来下一个春天。看上去四季就是在这么周而复始地重复，但是每一个轮回树木都会长大一圈。各种不同的树木，都在按照自己的节奏生长。

每一个春夏秋冬都不相同，也不是简单的重复。

又如，盘山道路在山体上一圈圈盘旋而上，在山的东边和西边之间来来回回，给人感觉就是在同一个地方兜圈子。但实际上，每绕一圈都会向高处移动一两段，绝对不是同一条道路的重复。

每天都会有很多事情给人感觉像是在简单地重复，但实际上，尽管在做同样的事，与昨天相比，今天的体验深刻，得到的智慧也比前一天更多。

人生每天都在成长，但没有一天是简单的重复。

放眼世界，有不少事给人感觉就像是历史的重复。但是，事实绝对不是那样。正是在各种各样的历史经验的基础上，人类才一点一点地变得更有智慧的。

如果觉得只是简单的重复，就等于自己亲手关闭了通往进步的大门，因为没有任何事仅仅是简单的重复。

推不掉的烦恼

我们就像同一个脸盆里的水,即使想把人和事推到一边也是无法实现的。

用手把脸盆里的水向两边推开，水马上就会从左右两边又流过来。

无论怎么推，手周围的水都不会消失。除了泛起一丝丝水花之外，水还是会回到手边。如果手停下来，脸盆里的水也就归于平静。

人生在世，有很多不称心的事情，也会遇到很多自己不喜欢的人。所以，人们不由自主地会想着把这些事和人推到一边，使其远离自己。但是，推开一件事情，就会发生其他不称心的事情。

不喜欢的人也是一样，刚想着躲开了一个不喜欢的人，不知不觉又有另一个不喜欢的人凑到了身边。不管怎么着急上火、焦躁不堪，到头来还是跟原来毫无二致。

推脱和逃避不是人类应该选择的道路。

我们就像同一个脸盆里的水，即使想把人和事推到一边，那最终也是无法实现的。

所以，与其无谓地着急焦躁，不如顺其自然。并肩前行也好，保持距离也好，顺其自然地按照缘分或自己内心的好恶去接受就可以。

只要做到这一点，自然而然就可以实现和谐相处，顺利走向共存之路。

自问自答

看重他人对自己的评价的同时,首先要做到正确地评价自己。

自己所做的事情，别人会给予一定的评价。有时候会受到表扬，有时候会受到贬斥，有时候会被冷漠无视，有时候也会因受到过高的好评而错愕不已。因为每个人看法不同，所以做出的评价也千差万别。

当我们听到别人对自己的评价，有时候会开心地欢喜雀跃，有时候也会因不被理解而黯然神伤。一喜一忧皆是人生常态。无论受到肯定还是被否定，我们都应将其视为对自身的训诫。

但是，与此相比更为重要的事情是看重他人对自己的评价的同时，首先要做到正确地评价自己。

自己做的事情，是不是真的正确？自己的想法和行为有没有错误之处？对这些都要进行素直且正确的自我评价。

为了做到这一点，首先要素直地反复自问自答。不断地向自己提出问题，自己再进行回答。这绝不是一件容易的事情，仅靠漫不经心的态度，是绝对无法完成的。但是，只有素直地自问自答，才能涌现出真正的勇气和智慧。

所以，还请再一次自问自答，再一次自己提出问题，自己回答。

绝对的自信

这个世界上,根本不存在绝对的自信,也不可能有人拥有绝对的自信。

以前人们经常说，在当今这个社会，人在一生中必须拥有绝对的自信来一步步前行。这句话确实很有道理，但是回头仔细思考就会发现：这个世界上，根本不存在绝对的自信，也不可能有人拥有绝对的自信。

在当今这个无时无刻不在变化的世界，大家连明天的人生都无法预知。只要不是神明，谁都做不到绝对不犯错。正因如此，我们每天才会殚精竭虑、费尽心思，以降低自己犯错的可能性。

其结果就是，看上去没有其他方法，所以这个方法似乎就是最佳选择。尽管如此，仍然不放心，却没有其他方法，只好鼓足勇气前行。在不断自我鼓励的同时继续前行。

有的时候看上去对之颇有自信的事情，其实也是摸着石头过河，需要抱有万分谦恭的态度。虽然可能会让人觉得靠不住，但与其靠其实并不存在的绝对自信来麻醉自己，倒不如心怀谦恭的态度稳步前行。这样能将给自己和他人带来的伤害维持在最小程度，还是问题的最优解。

全力以赴

能够将自己的微薄力量发挥到最大程度,对于每个人来说都是值得安慰和高兴的,也是值得犒劳的。

无论做什么工作，只要竭尽全力地努力了，就不由得会有一种想要慰劳自己的想法，不由得想摸摸脑袋鼓励自己。

今天也努力工作了一天，很好地完成了自己的任务。每每想到这里，即使再累，饭菜吃起来也无比可口，心情也得以平复，不由得松一口气，回想起来也能感受到满足感。到最后可以放心地安慰自己"人事已尽，静听天命"。

尽管能力不足的情况也有很多，但是能够将自己的微薄力量发挥到最大程度，对于每个人来说都是值得安慰和高兴的，也是值得犒劳的。

这样的心情是用任何东西都换不来的，也无法用金钱衡量。认为能够用金钱衡量的人，不会懂得工作的真正意义，无法感受到真正意义上的欣喜。从某种意义来看，这样的人其实也是悲哀的。

事情的成败当然很重要。但是，超越事情成败的其实是想要竭尽全力的心。

出于好心

无论是出于善意的计策还是出于恶意的计策,归根结底不过是策略而已。

出于好心安排的事情，经常会事与愿违，最终结果出乎意料。是因为考虑不周，还是因为安排得不到位？可能存在各种各样的原因。仔细回想整个过程就会发现，其中隐藏着玩弄策略的痕迹。

无论是出于善意的计策还是出于恶意的计策，归根结底不过是策略而已。

出于恶意的计策当然是不行的，但是即便是出于善意的计策，终究也是玩弄策略。只要陷进玩弄策略的陷阱，善意的计策跟恶意的计策一样都不是理想的状态。也就是说，无论做什么事情，不玩弄策略才是最好的行事方式。

没有策略，听起来给人感觉非常平凡。但是，要真正掌握没有策略的真谛，不算计，不费尽心机，以自然的方式采取行动，其实需要日积月累的领悟与修炼。

我希望大家在事务缠身的每一天，在为意料之外的烦心事烦恼前偶尔能想起这种无须策略的境界，安静地反省一下自己。

判断与落实

勇气和落实能力,可以将60%的判断,转变成100%的成果。

无论做什么工作，都需要进行判断。如果判断出现失误，有时候后续花费再多的时间和精力也不会有理想的结果。

我们都非圣贤，无法预见将来的事情，也无法看清事物的方方面面，更无法做到万无一失，做不出百分之百正确的判断。当然如果能够做到这种程度，那自然是再好不过了，但这是可望而不可即的。

能做到这种程度的只有神仙，而我们人类，最多也只能做到60%左右。只要能做到60%的预判和确信，那么这样的判断大概率就是妥当的。剩下需要的就是勇气和落实力。

无论判断多么精准，假如没有将其变为现实的勇气和落实能力，这样的判断就没有任何意义。

勇气和落实能力，可以将60%的判断转变成100%的成果。

哪怕只有60%的准确程度，我们也要谦虚认真地进行判断，然后用100%的果敢勇气和落实能力推进事情。

倾诉

人与人之间再也听不到动人心弦的语言,只有互相伤害的话语在横行无忌。

小孩儿都会结结巴巴地向人倾诉，睁着圆圆的眼睛，用还不熟练的话语向人倾诉。

即使小孩儿无法表述清楚自己的想法，父母也会和大家想象的一样，因为小孩儿努力认真表达的可爱样子而不由得用心倾听。在慈爱的目光注视下，加上满是赞许的笑容，甚至是夸张的点头示意，小孩儿也会越发认真地努力表达自己的想法。

有了这样的交流，哪怕是小孩儿结结巴巴的倾诉，也会迸发出动人心弦的词语。

这时，父母终于恍然大悟，原来"被孩子教育"就是这么回事啊。父母也不由得会心一笑，将孩子的话语深深记在心里。

社会动荡的时候，人心变得浮躁不安，再也无法侧耳倾听他人的倾诉，只会绷起脸一味坚持自己的主张。人与人之间再也听不到动人心弦的语言，只有互相伤害的话语在横行无忌。

面对小孩儿结结巴巴的倾诉时那种努力倾听的慈爱和笑容也不知道到哪里去了。

像花儿一样

像花儿一样,像清泉一样。这也是我们自己的喜悦所在。

在沙漠中无意间发现的一汪清泉，能给旅人带来无比的喜悦和鼓励，使之停下脚步稍事休息。荒凉的山野中毅然怒放的一朵花儿，也可以给旅人带来无比的安慰与激励。

当今的社会，虽然谈不上如同荒野般荒芜肃杀，但是困难重重。在这样的时代，人心逐渐失去应有的平静，这给人一种落寞的感觉。

原本这个社会就需要人与人互相携手、互帮互助，这样我们才能生存下去。如果人心如同沙漠般荒芜，人们就无法在这个时代砥砺前行。至少我们要做到像一汪清泉一样、像一朵怒放的花儿一样，顽强且正确地努力工作和生活。

尽管想要做到极致是一件困难的事情。

只要对自己的工作有自豪感，感受到自己工作的意义，自然就能找到合适的处世方法。

无论身处什么样的社会，无须焦虑，切勿惊惶，坦然地怀抱为社会做出贡献的心情。这样的姿态本身，对他人来说就是一种莫大的鼓励，也会令人放松。

像花儿一样，像清泉一样。这也是我们自己的喜悦所在。

节点

最为重要的就是找到这样的节点,在这些节点上改变自己的想法。

生活在这个世界上，人在一生中会遇到各种各样的事情，所以，始终平稳顺遂基本是不可能的。正因如此，有时也会忍不住想要叹息。在无数接踵而至的事物的关联之中，自然隐藏着一定的节点。因为毫无关联就能持续下去的事物是不存在的。

如果觉得事物之间都是毫无关联的，那只是因为漏掉了这些关联之中的节点。只要看待事物的心没有改变，做事的方式也就无法得到改善。

最为重要的就是找到这样的节点，在这些节点上改变自己的想法。

如果能明白并做到这一点，很多事情自然而然就会变得积极起来，成为进步的阶梯，接下来发生的事情也都变成了期待的好事情。

这些节点，有的是自然而然产生的，有的是人为创造出来的。不管是什么样的情况，都需要用不被拘泥的心来观察事物、思考事物，付诸行动。尽管实际执行会有一定难度,但它确确实实是最关键的一步。

美丽的世界

让世界继续美丽。让人心继续保持纯洁。

世间有山有河，有树木有森林，有田野有房屋。如此美丽的世界，却被我们在不自觉间毫无秩序地破坏、污染了。

如果破坏、污染之后，还能从中产生新的文化，那也可以算作一种变化发展，但是就连人心都被破坏、污染了，丝毫没有产生新文化的迹象。

原本崇尚和、信、情、勤勉的百姓，现今只能说变得越来越落寞。仅仅拘泥于肉眼可见的表面的肤浅的美，而眼睛看不到的内心之美已经不知道被抛在了什么地方。

让世界继续美丽，让人心继续保持纯洁。

这原本就是一个美丽的世界，生活着纯洁而美好的人。今天让我们再次关注世界和人类本来的美。

为了人类，为了世界，让我们再次磨炼自己，以孕育新的文化。

美丽的世界

作为全球知名企业家，松下幸之助曾经影响了不止一代经营者，其经营理念、人生哲学备受全球读者推崇。伴随我国经济社会不断发展，中小企业越来越活跃，其对学习如何经营企业的需求愈发旺盛。为满足众多企业家的阅读需求，我社与松下幸之助先生创办的 PHP 研究所深度合作，陆续引进了 PHP 珍藏书系。目前已出版发行十余种，其中松下幸之助的代表作《天心：松下幸之助的哲学》备受欢迎。今后我们还将有计划地陆续推出"松下幸之助演讲集"等系列作品。

已出版的松下幸之助经典作品

①《天心：松下幸之助的哲学》（平装）（精装）（口袋版）

天心是松下幸之助人生和经营思想的原点，是他勇夺时代先机、实现制度和技术创新的秘诀，更是广大读者学习"经营之神"思维方式的必读书。

②《成事：松下幸之助谈人的活法》

做人做事向往美好，从善的角度思考。想方设法做成事的强烈热情是创造的源泉。

③《松下幸之助自传》

松下幸之助亲笔所书的唯一自传，完整讲述其成长经历和创业、守业历程。精彩的故事中蕴含着做人做事的深刻道理。

④《拥有一颗素直之心吧》

素直之心是松下幸之助经营和人生理念的支点和核心。素直之心是不受束缚的心，是能够做出正确判断的心。一旦拥有素直之心，无论经营还是人际关系抑或其他，都会顺利。

⑤《挖掘天赋：松下幸之助的人生心得》

松下幸之助遗作、90 岁成功老人对人生的回顾与思考，凝聚一生感悟。充分挖掘自身天赋、发挥自身潜能，才能度过充实而精彩的人生。

⑥《如何工作：松下幸之助谈快速成为好员工的心得》

怎样快速成为一名好员工？松下幸之助在三部分内容中分别面向职场新人、中坚员工、中高层管理者三类人群有针对性地给出中肯建议。

⑦《持续增长：松下幸之助的经营心得》

如何在艰难期带领企业突围和发展？松下幸之助结合自身半个多世纪的实践经验，从经营和用人两方面道出带领企业在逆境中稳步发展的真髓。

⑧《经营哲学：松下幸之助的 20 条实践心得》

一家企业想做久做长离不开正确的经营理念，"经营之神"松下幸之助基于自身五十多年的实践经验指出，坚持正确的经营理念是事业成功的基础和必要条件。

⑨《经营诀窍：松下幸之助的"成功捷径"》

企业经营有其内在规律，遵循经营的规律、把握其中的诀窍至关重要。松下幸之助在书中分享了自己经营企业五十多年间积累下的 37 条宝贵心得。

⑩《抓住商业本质：松下幸之助的经商心得》

企业要少走弯路，就得抓住商业本质，遵循基本逻辑。本书凝聚了一位国际知名企业家对商业本质和企业经营规律的深刻理解。

⑪《应对力：松下幸之助谈摆脱经营危机的智慧》

松下电器自成立以来经历了战争、金融风暴等重大危机，卓越的应对力使其在逆境中实现成长。应对力是帮助企业摆脱困境的法宝，是领导者的必备素养。

⑫《精进力：松下幸之助的人生进阶法则》

精选松下幸之助讲话中的 365 篇，可每日精进学习其对人生和经营的思考。

⑬《感召力：松下幸之助谈未来领导力》

感召力是一种人格魅力，是面向未来的最有人情味的领导力。本书旨在帮助有理想的普通人提升感召力。

⑭《智慧力：松下幸之助致经营者》

讲述了满怀热情、肩负使命、坚守正道、成就尊贵人生的智慧。

⑮《道路无限》

松下幸之助人生哲学经典读本，写给青年的工作和人生忠告。改变了无数人命运的长销书，20 年间重印高达 78 次。

⑯《开拓人生》

松下幸之助创作的人生随想集，作者随时想到随时记录下的人生思考。针对当下社会内卷，赋能人心，带来治愈、激励和力量。

⑰《员工必修课》

员工的活法和干法。收录了松下幸之助对松下电器内部员工和外部青年人士的讲话，核心观点是"员工自主责任经营"，强调每位员工都是自己岗位、自己工作的老板和主人翁。

⑱《领导者必修课》

"经营之神"松下幸之助经常带在身边的学习用书，领导者必备的教科书。松下幸之助从古今中外的众多历史人物和历史事件中总结了 101 条杰出领导者应具备的素养。